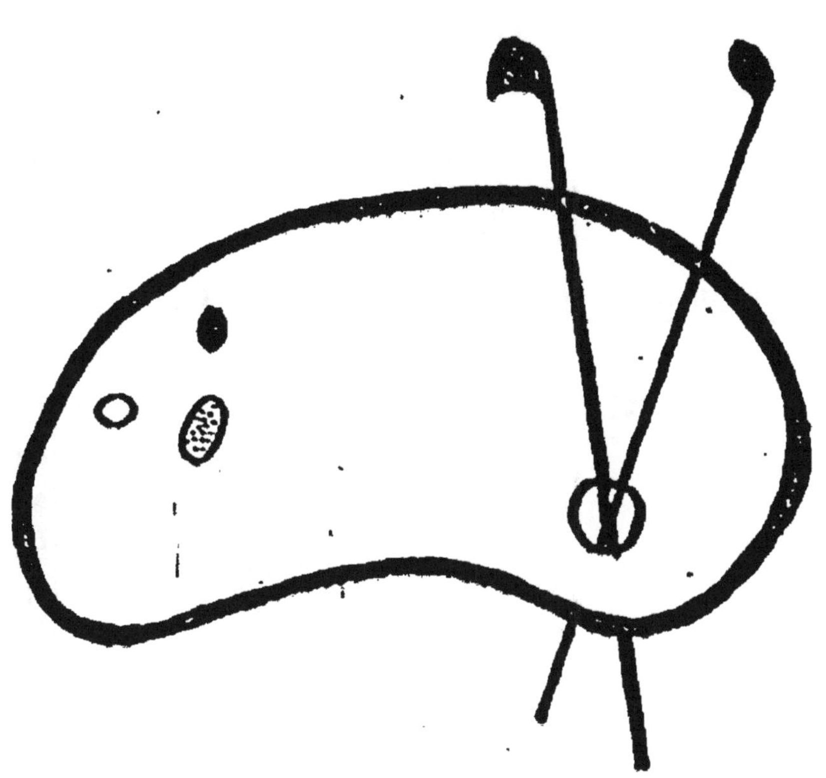

DEBUT D'UNE SERIE DE DOCUMENTS
EN COULEUR

L'INCIDENT
LELLOUCH-DASCONAGUERRE

(Les avocats sont-ils au-dessus de là Loi?)

PAR

ELIAS LELLOUCH

« La loi doit être la même pour tous, soit qu'elle protége, soit qu'elle punisse. »
(Art. 6 de la déclaration des Droits de l'Homme et du Citoyen.)

« ...Personne n'est au-dessus de la loi, pas même ceux qui la font... »
CHARLES DUPUY
Président du Conseil et Ministre de l'Intérieur.

« ...Je reconnais que la presse est une puissance devant laquelle je m'incline, mais elle n'est pas au-dessus de la loi. »
AUGUSTE FABRY
Président du Tribunal Civil de Tunis.

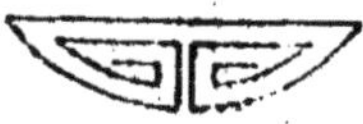

PRIX : 25 CENT.

TUNIS
IMPRIMERIE ARTISTIQUE, 4, RUE DE LA COMMISSION
—
1900

INP.-ARTISTIQUE

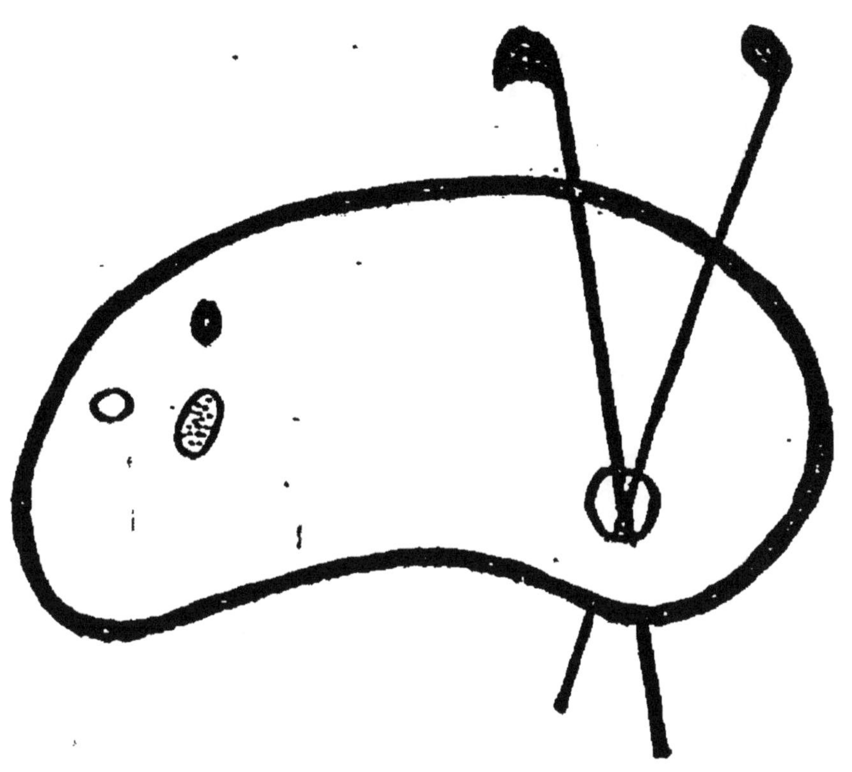

FIN D'UNE SERIE DE DOCUMENTS
EN COULEUR

L'INCIDENT
LELLOUCH-DASCONAGUERRE

(Les avocats sont-ils au-dessus de la Loi?)

PAR

ELIAS LELLOUCH

« La loi doit être la même pour tous, soit qu'elle protège, soit qu'elle punisse. »
(Art. 6 de la déclaration des Droits de l'Homme et du Citoyen.)

« ...Personne n'est au-dessus de la loi, pas même ceux qui la font.... »
CHARLES DUPUY
Président du Conseil et Ministre de l'Intérieur.

« ...Je reconnais que la presse est une puissance devant laquelle je m'incline, mais elle n'est pas au-dessus de la loi. »
AUGUSTE FABRY
Président du Tribunal Civil de Tunis.

PRIX : 25 CENT.

TUNIS
IMPRIMERIE ARTISTIQUE, 4, RUE DE LA COMMISSION
—
1900

L'INCIDENT

LELLOUCH-DASCONAGUERRE

A propos de l'arrestation de deux députés socialistes, MM. Baudin et Lavy, qui a eu lieu en 1893, M. Charles Dupuy, alors Président du Conseil et Ministre de l'Intérieur, répondant à une interpellation faite à ce sujet par un membre du groupe socialiste, a déclaré à la Tribune de la Chambre que « **personne n'est au-dessus de la loi, pas même ceux qui la font....** »

Il m'est agréable de répéter aussi les belles paroles que l'honorable Chef de la Magistrature Française en Tunisie a prononcées pendant la dernière session du Tribunal Criminel de Tunis, au cours des débats du procès Tisseau-Candas : « **Je reconnais que la presse est une puissance devant laquelle je m'incline,** a dit M. Auguste Fabry, **mais elle n'est pas au-dessus de la loi.** »

Devant des déclarations aussi nettes et aussi énergiques émanant surtout de deux personnages dont la situation politique de l'un et la compétence judiciaire de l'autre sont incontestablement admirées et van-

tées de tous, il n'y a donc plus lieu d'en douter :
**La loi est au-dessus de tout le monde
et tout le monde est égal devant
la loi.** Et s'il y a quelqu'un auquel appartient plus
qu'à tout autre le **devoir** non seulement dé ne pas
l'ignorer, mais encore de faire preuve en tout lieu et
en toute circonstance d'une soumission entière et
d'un très profond respect pour la loi, c'est bien l'a-
vocat.

Les avocats ne sont pas au-dessus de la loi !

Un avocat qui commet un acte blâmable, une
action répréhensible quelconque, est doublement coupable, et, par conséquent, doit être doublement
puni, doublement châtié : premièrement, parce que
n'étant pas au-dessus de la loi. il doit être jugé par-
reillement au plus commun des mortels ; deuxième-
ment, parce que, en sa qualité de serviteur de la loi,
qu'il doit connaître nécessairement à fond, puisqu'elle
constitue sa profession, ses outils, son gagne-pain,
il y a tout lieu de supposer qu'il n'a commis le délit qu'on lui reproche qu'intentionnellement. dans
l'unique but de nuire : il ne peut donc bénéficier
d'aucune circonstance atténuante.

Le 22 Octobre dernier, j'ai fait assigner pardevant
le Tribunal Civil de Première Instance de Tunis, jugeant en matière correctionnelle, Monsieur, Madame
et Mademoiselle X..., pour s'entendre condamner à
me payer un franc à titre de dommages-intérêts pour

avoir fait courir sur mon compte des bruits portant atteinte à mon honneur et à ma considération.

N'ayant pu suffisamment prouver à l'audience les faits que je reprochais à mes adversaires, le Tribunal les a renvoyés des fins de la poursuite.

Je dois cependant rendre cette justice que pendant les débats, et sur l'invitation de M. le Président Fropo, l'honorable Me Ferdinand Dasconaguerre, qui défendait les inculpés, a été obligé de plaider avec modération et convenance ; il ne s'est point écarté des faits de la cause.

Le 7 Novembre courant, vers onze heures et demie du soir, *pendant que je dormais*, repos nécessité par une journée de rude travail et d'ennuis pour subvenir à mes besoins et à ceux d'une nombreuse famille qui est à ma charge, Me Ferdinand Dasconaguerre, ayant eu à plaider pardevant le Tribunal Criminel de Tunis en faveur du nommé Joseph Assous, son client, accusé d'incendie volontaire, condamné à *dix ans de travaux forcés et vingt ans d'interdiction de séjour*, s'est permis non seulement de citer mon nom comme exemple dans un procès qui ne me concernait nullement, mais encore de me placer entre deux incendiaires : le nommé Fitoussi, *condamné à cinq ans de travaux forcés*, et un autre dont le nom m'échappe. Il a tenu contre moi des propos injurieux, calomnieux et diffamatoires, en répétant publiquement *les mêmes faits*, étrangers à la défense de l'accusé, Joseph Assous, pour lesquels j'avais, quelques jours auparavant, saisi le Tri-

bunal Correctionnel contre la famille X..., sa cliente.

Si j'avais assisté aux débats, j'aurais demandé à M. Président la protection de la loi et acte des propos avancés par cet avocat, et M. Fropo aurait certainement rappelé l'honorable Me Ferdinand Dasconaguerre à l'ordre ; et si ce dernier avait persisté à tenir le langage que je lui reproche aujourd'hui, il lui aurait même enlevé la parole.

Je dois cependant reconnaître que Me Ferdinand Dasconaguerre est un avocat de haute valeur, qui plaide les affaires qui lui sont confiées avec beaucoup de talent et d'éloquence, mais malheureusement le seul tort qu'il ait eu en ce qui me concerne personnellement, c'est de m'avoir mêlé dans les débats d'une affaire criminelle et d'avoir avancé des faits graves contre mon honneur et ma réputation.

L'attitude de Me Ferdinand Dasconaguerre à mon égard a surpris, excité la colère et l'indignation des assistants.

Aussi, le lendemain matin, à peine mis au courant de ces faits par quelques-uns de mes amis qui étaient venus me témoigner leur sympathie et leurs regrets, j'ai adressé à M. Fabry, Président du Tribunal Civil de Tunis, la lettre suivante, suivie — il n'y en avait pas besoin, il est vrai, mais j'étais poussé par le feu de l'indignation qui me brûlait — d'une lettre de rappel :

Tunis, le 8 Novembre 1900

A Monsieur le Président du Tribunal Civil de Tunis.

MONSIEUR LE PRÉSIDENT,

J'ai l'honneur de vous exposer ce qui suit :

Dans la plaidoirie qu'il a prononcée, hier soir, en faveur du nommé Joseph Assous, son client, accusé d'incendie vo'ontaire M° Ferdinand Dasconaguerre s'est permis, tout en me citant comme exemple, de tenir contre moi des propos injurieux et diffamatoires.

Je ne suis ni homme célèbre, ni incendiaire, et je n'ai jamais essayé de mettre le feu nulle part ; je ne vo's donc pas pourquoi M° Ferdinand Dasconaguerre cite mon nom dans un procès où je n'ai eu que faire et provoquer ainsi la risée de tout l'auditoire !

Je suis persuadé, Monsieur le Président, que M° Ferdinand Dasconaguerre n'a agi ainsi que dans le but de me nuire.

Ayant eu l'occasion de plaider contre moi, le 22 Octobre dernier, dans un procès en diffamation que j'ai intenté à la famille X..., M° Ferdinand Dasconaguerre cherche sans doute à se venger de l'insuccès qu'il a remporté devant les magistrats composant ledit Tribunal.

Il est évident, Monsieur le Président, que si je devais poursuivre M° Ferdinand Dasconaguerre en diffamation, je ne trouverais aucun avocat à Tunis pour plaider contre un confrère.

Je suis donc condamné à être insulté, diffamé publiquement, sous l'œil même de nos honorables magistrats, et dans une enceinte de justice, sans que je puisse me défendre.

J'ai l'honneur de faire appel, Monsieur le Président, à votre intégrité et à votre esprit de droiture et de justice pour accueillir favorablement ma plainte et lui donner les suites que vous jugerez nécessaires.

Veuillez agréer, Monsieur le Président, l'assurance de mon plus profond respect.

(Signé) : ELIAS LELLOUCH.

En homme intègre ne connaissant que le droit et la justice, l'éminent magistrat m'a fait communiquer par M. le Commissaire de Police, Chef de la Sûreté, la note suivante :

Tribunal de Tunis

—

Cabinet du Président

—

Soit transmis à M. le Commissaire de Police, Chef de la Sûreté de Tunis, avec prière de faire connaître à M. Elias Lellouch, demeurant à Tunis, 4, Rue de la Commission, qu'il lui appartient d'assigner M⁰ Dasconaguerre devant le Tribunal compétent et que je suis prêt à lui désigner un défenseur d'office s'il m'adressait à ce sujet une demande sur papier timbré.

Tunis, le 14 Novembre 1900.

Le Président du Tribunal,
(Signé) : FABRY.

Pendant ces entrefaits, un avocat de mes amis — je compte aussi des amis parmi les avocats, n'en déplaise à M⁰ Ferdinand Dasconaguerre — avec lequel je m'entretenais au sujet de cet incident, m'a déclaré qu'il convenait mieux, dans l'intérêt de la procédure, avant de traduire M⁰ Ferdinand Dasconaguerre devant le Tribunal Correctionnel, de demander à ce qu'il fut déféré devant le Conseil de Discipline.

Me conformant au conseil donné par mon ami, j'ai alors adressé à M. le Président du Conseil de Discipline une lettre ainsi conçue :

Tunis, le 17 Novembre 1900

A Monsieur Auguste Fabry, Président du Tribunal Civil de Première Instance de Tunis, Président du Conseil de Discipline, Chevalier de la Légion d'Honneur.

Tunis

MONSIEUR LE PRÉSIDENT,

J'ai l'honneur de vous confirmer mes plaintes des 8 et 15 Novembre courant par lesquelles je vous ai fait connaître l'attitude de M⁰ Ferdinand Dasconaguerre à mon égard au cours de la plaidoirie qu'il a prononcée le 7 courant en faveur de son client, le nommé Joseph Assous, accusé d'incendie volontaire.

J'estime que cette attitude m'a causé un réel préjudice, tant dans mon honneur que dans ma considération, d'autant plus que les propos tenus par M⁰ Ferdinand Dasconaguerre ont donné lieu, le 22 Octobre dernier, à des poursuites correctionnelles contre ses clients, Monsieur, Madame et Mademoiselle X...

J'ai l'honneur de vous prier de vouloir bien, en conséquence, Monsieur le Président, saisir le Conseil de Discipline de ces faits qui constituent un manquement grave aux devoirs professionnels de l'avocat.

Je ne doute pas que le Conseil de Discipline de Tunis, par sa sage décision, démontrera que M⁰ Ferdinand Dasconaguerre n'est pas au-dessus de la loi.

Veuillez agréer, Monsieur le Président, la nouvelle assurance de mon plus profond respect.

(Signé) : Elias Lellouch.

P. S. J'ai pris, hier, Monsieur le Président, communication de la note que vous avez bien voulu transmettre à M. le Chef de la Sûreté. Je ne puis, quant à présent, traduire M⁰ Ferdinand Dasconaguerre devant le Tribunal Correctionnel avant que le Conseil de Discipline ait statué.

E. L.

Le lendemain matin, 18 courant, M. le Commissaire de Police, Chef de la Sûreté, m'a communiqué la note suivante :

Tribunal de Tunis

Cabinet du Président

Soit transmis à M. le Commissaire de Police, Chef de la Sûreté de Tunis, avec prière de faire connaître à nouveau à M. Elias Lellouch, signataire de la présente, qu'il lui appartient d'assigner M⁰ Dasconaguerre de-

vant la juridiction compétente, et que je suis prêt à lui
désigner d'office un défenseur s'il m'en fait la demande.

Tunis, le 17 Novembre 1900.

Le Président du Tribunal,
(Signé) : FABRY.

Conformément aux instructions ci-dessus, j'ai
adressé, sur une feuille de papier timbré de 0,30 cent.
la plainte suivante à M. le Président du Tribunal
Civil de Tunis :

'Tunis, le 19 Novembre 1900.

*A Monsieur Auguste Fabry, Président du Tribunal Civil de
Première Instance de Tunis, Président du Conseil de Discipline, Chevalier de la Légion d'Honneur.*

Tunis.

MONSIEUR LE PRÉSIDENT,

J'ai l'honneur de vous exposer les faits suivants :

Le 7 Novembre courant, à onze heures et demie du soir, M⁰
Ferdinand Dasconaguerre, au cours d'une plaidoirie qu'il a
prononcée pardevant le Tribunal Criminel de Tunis, en faveur
du nommé Joseph Assous, son client, accusé d'incendie volontaire, condamné à dix ans de travaux forcés et vingt ans d'interdiction de séjour, a tenu des propos absolument outrageants
et diffamatoires à mon égard.

Ces propos portent gravement atteinte à mon honneur et à
ma considération.

Il est surprenant de constater, Monsieur le Président, que M⁰
Ferdinand Dasconnaguerre se soit rendu coupable des mêmes
faits pour lesquels j'ai antérieurement assigné la famille X....,
sa cliente, pardevant le Tribunal Correctionnel.

Il convient de remarquer que M⁰ Ferdinand Dasconaguerre a
éloquemment soutenu, à l'audience du 22 Octobre dernier, que ses
clients n'ont pas tenu les propos que je leur reprochais, sachant
pertinemment que ces faits sont prévus et réprimés par la loi.

Quel que soit le respect que je professe pour MM. les membres du Barreau de Tunis, je me permets de dire que les avocats ne sauraient être au-dessus de la loi.

D'autre part, il m'est impossible, Monsieur le Président, de laisser passer sous silence, sans en saisir la justice, des faits qui me causent un réel préjudice.

Certain d'avance, Monsieur le Président, de ne trouver aucun avocat à Tunis pour plaider, avec l'indépendance nécessaire, contre un confrère, j'ai l'honneur de solliciter de votre haute justice la désignation d'un avocat chargé de défendre mon honneur outragé.

Veuillez agréer, Monsieur le Président, l'hommage de mon plus profond respect.

ELIAS LELLOUCH,
Maître-Imprimeur.
4, Rue de la Commission, 4
TUNIS

Pendant que je saisissais la justice des faits que je reproche à M⁰ Ferdinand Dasconaguerre, j'ai tenu à savoir si un avocat ne commet pas un manquement grave à ses devoirs professionnels en citant des personnes étrangères aux débats dans une affaire criminelle et en faisant l'historique, au cours de sa plaidoirie, des mêmes faits répréhensibles qui ont donné lieu antérieurement à des poursuites judiciaires contre ceux qui s'en seraient rendus coupables.

J'ai procédé, à cet effet, à une espèce d'enquête juridique en adressant à différents bâtonniers de l'ordre des avocats des principales villes de France la consultation ci-après :

Tunis, le 14 Novembre 1900.

MONSIEUR LE BATONNIER,

J'ai l'honneur de vous exposer les faits suivants :

A la date du 22 Octobre dernier, j'ai fait assigner pardevant le Tribunal Civil de Première Instance de Tunis, jugeant en matière correctionnelle, la famille X., pour s'entendre condamner à me payer un franc à titre de dommages-intérêts, sous réserves des réquisitions qui seront prises par le Ministère Public dans l'intérêt de la loi, pour avoir tenu des propos portant atteinte à mon honneur et à ma considération, délit prévu et réprimé par les articles 29 et 32 de la loi sur la presse de 1881, promulguée en Tunisie par décret beylical en date du 14 Octobre 1884.

La famille X .. était défendue par M⁰ Y...

N'ayant pu suffisamment établir les faits que je reprochais aux inculpés, le Tribunal les a renvoyés des fins de la poursuite.

De leur côté, les clients de M⁰ Y... se sont vu débouter d'une demande reconventionnelle de 2000 francs de dommages-intérêts.

Le 7 Novembre courant, M⁰ Y... ayant eu à défendre devant le Tribunal Criminel de Tunis, un accusé, le nommé J. A., poursuivi pour incendie volontaire, a, au cours de sa plaidoirie, cité mon nom comme exemple et fait l'historique des mêmes faits pour lesquels j'avais, quelques jours auparavant, saisi le Tribunal Correctionnel contre la famille X.

J'ai l'honneur, en conséquence, Monsieur le Bâtonnier, de faire appel à votre parfaite compétence et à votre haute justice pour me faire connaître, si un avocat ne commet pas un manquement grave à ses devoirs professionnels en citant des faits répréhensibles et des personnes étrangères aux débats dans une affaire criminelle.

Confiant dans votre esprit d'équité et de justice, j'ai l'honneur de vous prier d'agréer, Monsieur le Bâtonnier, avec mes remerciements anticipés, l'expression de mon plus profond respect.

(Signé) : ELIAS LELLOUCH

Je crois absolument inutile de publier toutes les réponses que j'ai reçues au sujet de cet incident. Il convient cependant de dire que tous les bâtonniers de France que j'ai consultés sont unanimes à déclarer que **l'avocat qui, dans une plaidoirie, énonce des faits calomnieux, injurieux, outrageants, à l'adresse d'un tiers :**

1° Manque gravement à ses devoirs professionnels; doit être puni disciplinairement.

2° Est tenu personnellement à des dommages-intérêts envers la partie calomniée, injuriée, outragée.

D'autre part, voici ce qu'on lit dans le *Répertoire Encyclopédique du Droit Français*, par Fernand Labori, l'éminent et célèbre avocat à la Cour d'Appel de Paris, sur la Profession et les Devoirs de l'avocat :

Devoirs des Avocats

L'avocat ne doit pas oublier qu'il a le devoir de plaider avec modération et convenance; il ne doit point s'écarter des faits de la cause et, lorsque leur caractère l'oblige à articuler des faits de nature à porter atteinte à l'honneur et à la considération de l'adversaire, il doit, dans l'intérêt même de son client, apporter dans sa plaidoirie le plus grand tact et éviter tout écart de langage.

Les articles 37 et 38 du décret du 14 Décembre 1810 ordonnent aux avocats de s'abstenir de toute supposition dans les faits, de toutes surprises dans les citations, de toutes autres mauvaises voies et de tous discours inutiles et superflus; ils leur défendent aussi de se livrer à des injures et personnalités offensantes envers les parties ou leurs défenseurs, d'avancer aucun fait grave contre l'honneur et la réputation des parties

Un avocat ne doit pas avancer dans sa plaidoirie des faits diffamatoires étrangers à la cause, même s'il y est invité par son client — Rouen 7 Mars 1834 (Dalloz V° Avocat, n° 357, note 1). — Les articles 15 et 17 de l'ordonnance de 1822 édictent la sanction de ces dispositions; l'avocat qui oublierait le devoir de modération qui lui incombe s'exposerait à une peine disciplinaire et, d'autre part, aux poursuites que le Ministère Public ou les parties civiles se croiraient fondées à intenter devant les Tribunaux pour la répression des actes qui constituent des délits ou des crimes.

Les juges peuvent aussi faire des injonctions aux avocats et même les suspendre de leurs fonctions, sans que cette suspension puisse toutefois excéder deux mois et six mois en cas de récidive dans l'année.

Quand les faits diffamatoires sont étrangers à la cause, ils peuvent donner ouverture soit à l'action publique, soit à l'action civile des parties, lorsque ces actions leur auront été réservées par les tribunaux et dans tous les cas à l'action civile des tiers (Rouen 7 Mars 1835, précité).

Il a été jugé que toute personne qui dépasse dans sa défense les limites de la convenance doit des dommages-intérêts à raison de ce fait. (Tribunal Civil Villefranche, 10 Mars 1882. — *Gazette du Palais* 82, 2, 363).

L'avocat qui, dans sa plaidoirie ou dans quelque écrit produit devant les tribunaux, énonce des faits calomnieux à l'adresse de la partie adverse ou d'un tiers peut être tenu personnellement de dommages-intérêts envers la partie calomniée.

Des délits d'audience commis par les avocats

Les manquements aux devoirs professionnels, les fautes de discipline dont un avocat peut se rendre coupable à l'audience, sont extrèmement nombreux. On conçoit qu'il nous est impossible de les rappeler ici; qu'il nous suffise de renvoyer le lecteur au chapitre des droits et *des devoirs des avocats*. »

(Voir Dalloz, Labori, Cresson, etc).

L'action disciplinaire des tribunaux a la même étendue que celle des Conseils de Discipline; ils ont le droit d'appliquer aux avocats l'une des peines énumérées par l'article 18 de l'ordonnance du 20 Novembre 1822 (article 43, même ordonnance). — *Leur pouvoir se trouve limité toutefois dans l'hypothèse de l'article 41 de la loi du 29 juillet 1881 :* L'avocat qui a prononcé un discours injurieux, outrageant ou diffamatoire à l'égard d'une partie ou d'un tiers peut être averti ou réprimandé ; il peut aussi être interdit temporairement, mais la durée de la suspension ne peut excéder deux mois, et six mois en cas de récidive dans l'année.

Quelles peines peuvent être appliquées aux avocats par les Tribunaux dans l'exercice de leur pouvoir disciplinaire.

Les Tribunaux ont le pouvoir d'infliger aux avocats qui commettent une faute à l'audience l'une des peines énumérées par l'article 18 de l'ordonnance du 20 Novembre 1822 : *avertissement*, *réprimande*, *suspension*, *radiation*, *sauf les réserves de l'article 41 de la loi du 29 juillet 1881.*

DES PEINES DISCIPLINAIRES

Quand la faute de l'avocat est bien et dûment constatée, le Conseil de l'ordre prononce l'une des peines disciplinaires qui, aux termes de l'article 18, ordonnance du 20 Novembre 1822, sont au nombre de quatre : l'avertissement, la réprimande, l'interdiction temporaire, la radiation du tableau. Les peines disciplinaires précitées sont les seules légales ; elles s'appliquent aux stagiaires et aux avocats inscrits au tableau.

L'AVERTISSEMENT est la peine la plus légère ; sa notification à l'avocat n'est soumise à aucune forme. C'est ainsi qu'il a été jugé qu'une Cour, qui, annulant une délibération prise par l'ordre des avocats, a ordonné soit la signification de son arrêt au bâtonnier, soit l'annexe de cet arrêt par le bâtonnier à la délibération annulée, a employé un mode d'avertissement qui n'est contraire ni à la lettre ni à l'ordonnance du 20 Novembre 1822 : Cass. 5 Avril 1841 (Dalloz, V° avocat, n° 292, note 2). — LA RÉPRIMANDE est la deuxième dans l'échelle des peines ; le mode de la prononcer est également laissé à la discrétion du Conseil ou des Cours et Tribunaux, qui peuvent s'exprimer de la manière qu'ils jugent convenable : aussi a-t-il été jugé, quoique la censure instituée par le décret du 11 Décembre 1810 (art. 25) n'ait pas été reproduite par l'ordonnance de 1822, qu'un Tribunal avait eu le droit de réprimander des avocats en prononçant contre eux « la censure sim-

ple » : (Cass. 5 Avril 1841 S. 41, 1. 289). — *La censure n'est donc aujourd'hui qu'une forme de la réprimande. L'arrêté qui emporte* avertissement ou réprimande *n'est pas susceptible d'appel; il ne doit être
notifié au Procureur Général que sur la demande*
(art. 22 et 24 de l'ordonnance du 20 Novembre 1822).

L'INTERDICTION TEMPORAIRE ou SUSPENSION *ne peut,
aux termes de l'art. 18 de l'ordonnance du 20 Novembre 1822, excéder une année ; elle enlève à l'avocat
le droit de porter la robe, de plaider, de consulter
comme avocat, etc., en un mot d'exercer la profession. L'arrêté ne mentionne pas le point de départ
de la suspension.* Consultation Angers 11 Janvier
1886) ; *elle court à partir du jour de la notification
adressée à l'avocat, s'il n'y a pas d'appel ; les deux
mois de vacance sont compris dans le temps de la
suspension. Rappelons qu'une expédition de l'arrêté
qui emporte suspension doit être, dans les trois
jours, transmise au Procureur Général chargé d'en
assurer et d'en surveiller l'exécution* (article 21 de
l'ordonnance du 20 Novembre 1822).— *Enfin l'art.
29 de l'ordonnance du 20 Novembre 1822 ordonnait
que l'avocat qui avait encouru la réprimande ou
l'interdiction temporaire fût inscrit au dernier de
sa colonne : cette disposition n'a plus d'effet aujour-
d'hui par suite de la suppression du classement par
colonnes opérée par l'ordonnance du 27 Août 1830 :*
Montpellier 14 Février 1865 (S. 65.2.57), — Cass. 19
Mars 1867 (S. 67.1.155). — *On ne saurait d'ailleurs
soutenir que le nom de l'avocat réprimandé ou suspendu doive être inscrit à la fin du tableau, le tableau ne pouvant être assimilé aux colonnes
et les dispositions pénales étant en tous cas de
droit étroit :* Mollot, t. 2, p. 137. — *L'avertissement, la réprimande, l'interdiction temporaire peu-*

rent être prononcés contre un stagiaire en même temps que la prolongation du stage; au cas d'interdiction, le stage continuerait à courir après l'expiration du temps de suspension.

LA RADIATION est la pénalité disciplinaire la plus grave : elle peut être infligée au stagiaire aussi bien qu'à l'avocat inscrit. Dans le premier cas, elle prend le nom de radiation ou de révocation du stage. Il est important de ne point confondre la radiation avec l'omission; celle-ci n'a aucun caractère disciplinaire; elle est une simple mesure administrative prise quand l'avocat a donné sa démission ou exerce une profession incompatible, a abandonné son domicile ou renoncé à payer ses cotisations ; elle ne peut être prononcée qu'après une citation à laquelle il n'a pas été répondu : elle est mentionnée au procès-verbal et doit être notifiée à l'avocat qu'elle atteint. De même que la radiation, l'omission entraîne suppression du nom de la liste du stage ou du tableau et interdiction d'exercer la profession : mais, tandis que l'avocat rayé est exclu définitivement et ne peut par suite être réadmis au stage ou au tableau, l'avocat simplement omis peut demander sa réintégration après avoir fait disparaître les raisons pour lesquelles son omission avait été décidée. L'arrêté qui prononce la radiation est susceptible d'appel ; une expédition doit en être transmise dans les trois jours au Procureur Général, qui assure et surveille l'exécution de la décision (art. 22 et 24 de l'ordonnance du 20 Novembre 1822).— L'article 31 du décret du 11 Décembre 1810 infligeait de droit la radiation à l'avocat qui, après avoir été deux fois suspendu de ses fonctions, encourait la même peine une troisième fois ; cette disposition est aujourd'hui abrogée. — Ajoutons en terminant que toute notification d'un *arrêté disciplinaire doit être faite au domicile de l'avocat frappé ; celui-ci en donne un récépissé.*

(Droit Français, Fernand Labori, t. 2, p. 90,91)

Pendant que la procédure suit son cours, je ne veux faire aucun commentaire. C'est à la justice, qui est saisie de l'incident, qu'il appartient de se prononcer.

Les avocats ne s'aiment généralement pas ; mais ils se solidarisent, s'unissent quand un étranger à la profession demande justice contre l'un d'entre eux.

Cette solidarité et cette union — admirables peut-être — sont absolument contraires et préjudiciables à l'esprit de la loi.

Il est rare qu'un justiciable obtienne justice contre un avocat ; il ne faut pas oublier, en effet, que le bâtonnier emploie tous ses efforts pour les protéger.

Néanmoins, je me permets d'ajouter que les avocats doivent s'inspirer des sentiments nobles et élevés exprimés par l'illustre avocat et le grand citoyen Jules Favre, et qu'ils doivent donc être tenus à la soumission, à l'obéissance et au respect des lois et des institutions qui sont l'honneur et la gloire de la France et de la République.

Que certains avocats se souviennent que la loi doit être la même *pour tous*, soit qu'elle protège, soit qu'elle punisse.

J'attends donc, avec confiance, la décision de la justice, à qui il incombe le soin de réparer mon honneur calomnié, diffamé et outragé.

Et j'ai tout lieu de croire que le Tribunal de Tunis démontrera que les *avocats ne sont pas au-dessus de la loi.*

Elias LELLOUCH.

Tunis, vendredi 23 Novembre 1900.

Au dernier moment, M. Auguste Fabry, l'éminent Président du Tribunal Civil de Première Instance de Tunis, a rendu l'ordonnance suivante :

L'an mil neuf cents et le vingt Novembre,

Nous, Président du Tribunal Civil de Première Instance de Tunis, Chevalier de la Légion d'Honneur,

Vu la requête ci-dessus,

Désignons d'office M⁰ BODOY, syndic des défenseurs à Tunis, pour représenter le sieur Elias Lellouch, demeurant à Tunis, 4, rue de la Commission, dans l'instance dont il s'agit.

Délivré au Palais de Justice les jours, mois et an que dessus.

Le Président du Tribunal,
(Signé) : FABRY.

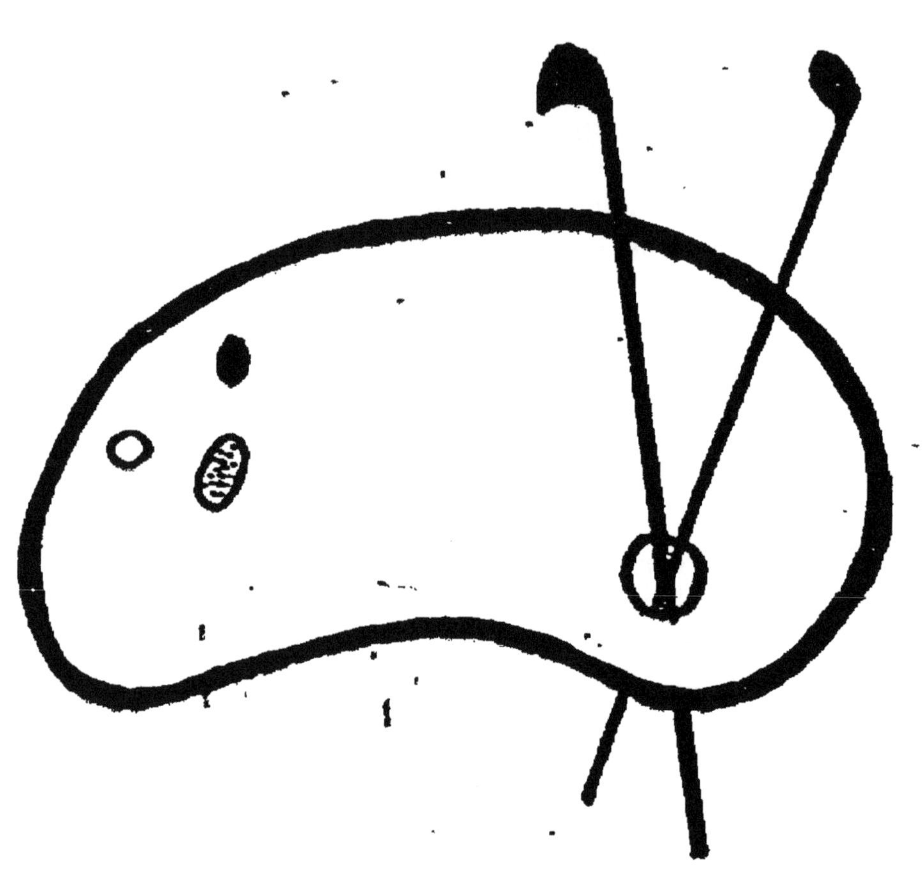

ORIGINAL EN COULEUR

NF Z 43-120-8

www.ingramcontent.com/pod-product-compliance
Ingram Content Group UK Ltd.
Pitfield, Milton Keynes, MK11 3LW, UK
UKHW020911140726
13695UKWH00006B/2460